"गुलमोहर ख्यालों का"

मन की ख़ामोश गलियों में महकते एहसास

Dr. Meenu Bansal

BookLeaf Publishing
India | USA | UK

Made with ❤ on the BookLeaf Publishing Platform
www.bookleafpub.in
www.bookleafpub.com

Dedication

श्रद्धा के पुष्प समर्पित करती हूँ—

राधा रानी को,
जिनकी निःशब्द भक्ति ने मुझे प्रेम के शुद्धतम रूप से जोड़ा।

श्रीकृष्ण को,
जिनकी मुस्कान में मुझे जीवन के हर रंग की झलक मिली।

सरस्वती माँ को,
जिनकी कृपा से मेरी मौन अनुभूतियाँ शब्द बन सकीं।

अपने परिवार को,
जिनके विश्वास और साथ ने मेरी लेखनी को उड़ान दी।

और मेरी माँ को—
जिनकी गोद मेरी पहली पाठशाला रही,
जिनकी नज़रों में सुकून, और शब्दों में दुआएँ बसी रहीं।
हर खामोशी में उन्होंने मेरी आवाज़ सुनी,
हर गिरावट में मुझे थाम लिया।

आप सभी के बिना यह यात्रा अधूरी होती।

Preface

कविता मन की वह भाषा है, जो शब्दों के परे जाकर एहसासों को महकने देती है।
यह संग्रह "गुलमोहर ख्यालों का" — उन खामोश गलियों की यात्रा है जहाँ जज़्बात चुपचाप खिलते हैं।

यह किताब मेरे भीतर की उन संवेदनाओं का रूप है जो कभी अनकही रहीं, कभी मौन में बह गईं, और कभी अल्फ़ाज़ बनकर बाहर आईं।
हर कविता एक पड़ाव है — ख्यालों की ठंडी छांव से लेकर जज़्बातों की तपिश तक।

आशा है, यह मधुवन आपके भीतर भी कोई एहसास जगा सके।

इस भावयात्रा में साथ चलने के लिए आभार।

Acknowledgements

इस रचनात्मक यात्रा में बहुत से चेहरों ने प्रकाश दिया–
उन सभी मित्रों, शिक्षकों और पाठकों को,
जिन्होंने मेरे शब्दों में भाव ढूँढे, आलोचना की, सराहना की
और मुझे निखरने का अवसर दिया।

हर उस आत्मा को धन्यवाद,
जिसने मेरे जीवन में क्षणिक ही सही, पर कोई संवेदना जाग्रत की।
कभी एक चुप्पी, कभी एक स्पर्श, कभी एक प्रश्न–
सबने मेरे पन्नों पर अपनी छाप छोड़ी।

और अंत में, स्वयं को–
उस भीतर की आवाज़ को–
जिसने मुझे यह कहानियाँ और कविताएँ सौंपीं।

1. मज़हब के पार

ईश्वर,अल्लाह, नानक, ईसा नहीं मिलते मज़हब की दुकानों में
ना बिकते हैं वो मंदिर-मस्जिद, चर्च या गुरुद्वारों के सामानों में

ना अल्लाह छुपा है सिर्फ़ कलमों की तर्जुमानी में
ना ईश्वर बसते हैं आरती, श्लोक या भक्तों की कहानी में

ना नानक मिलते हैं सिर्फ़ गुरुबानी के गूढ़ बयानों में
ना ईसा हैं सिर्फ बाइबिल के अध्यायों और प्रार्थना के तरानों में

ना अल्लाह है मुसलमान की दाढ़ी या टोपी की पहचान में
ना राम मिलते हैं पंडित के तिलक, घण्टी और विधान में

अल्लाह, ईश्वर नहीं मिलते मज़हब के नाम पर उठती तलवारों में
ना नानक,ईसा मिलें नफ़रत की आग में जलती बस्तियों -बाज़ारों में

ईश्वर,अल्लाह ना मिलें मजहब के नाम पर खड़ी नफ़रत की दीवारों में
ईसा,नानक ना मिलें मजहब के नाम पर बनती लम्बी-लम्बी कतारों मे

ईश्वर,अल्लाह मिलते हैं पाक दिल और नेक इरादों में
ईसा, नानक मिलते हैं मज़हब से ऊपर उठते इंसानियत के वादों में

ईश्वर,अल्लाह मिलते हैं मदद कर अहसान ना जताने वाले दीवानों में
नानक,ईसा मिलते हैं बिना भेद-भाव, रक्षा करने वाले जवानों में

ईश्वर,अल्लाह मिलते हैं मज़हब नहीं, दिलों को जोड़ना वाले तरानों में
ईसा,नानक मिलते हैं हर किसी का दर्द मिटाने वाले इंसानों में

ईश्वर,अल्लाह मिलते हैं करुणा और दया की रौशनी के सैलाब में
ईसा,नानक मिलते हैं मजहब से ऊपर उठते पवित्र प्रेम के बहाव में

मीनू

2. हाँ मैं नारी हूँ

हाँ मैं नारी हूँ
हाँ मैं नारी हूँ

नारित्व का वरदान देने के लिए ईश्वर की आभारी हूँ, हाँ मैं नारी हूँ
मानव को इस संसार में लाने वाली सशक्त जननी हूँ, नहीं मैं बेचारी हूँ

हाँ मैं नारी हूँ
हाँ मैं नारी हूँ

मैं अबला नहीं सबला हूँ,संघर्षों से निखरी चिंगारी हूँ
संस्कारों की दीपशिखा, मर्यादा की धार और सुगन्धित फूलवारी हूँ

हाँ मैं नारी हूँ
हाँ मैं नारी हूँ

नारी को प्रताड़ित करने वाले दैत्यों पर मैं भारी हूँ,
क्षण में संहार कर दे जो अधर्म का, ऐसी आग की अंगारी हूँ

हाँ मैं नारी हूँ
हाँ मैं नारी हूँ

मैं शक्ति की संवाहिका और दुर्गा, मीरा, सावित्री की अवतारी हूँ
मैं रक्तबीजों का रक्त पीने वाली काली माँ की शक्ति जयकारी हूँ

हाँ मैं नारी हूँ
हाँ मैं नारी हूँ

मैं सृजन की प्रथम किरण, हर युग की चेतना चमत्कारी हूँ
मैं आधार हूँ, घर से राष्ट्र तक रचने वाली शक्ति न्यारी हूँ

हाँ मैं नारी हूँ
हाँ मैं नारी हूँ

मैं आत्मा का अग्निस्नान,शंख नाद की शक्ति और तलवार तेज़ धारी हूँ
ना छाँव माँगू, ना भीख माँगू, मैं स्वाभिमान की अधिकारी हूँ

हाँ मैं नारी हूँ
हाँ मैं नारी हूँ

मीनू

3. यह प्यार और वह प्यार

जवानी की उमंग भरी उम्र जब आती है
किसी को लैला तो किसी को मजनूं बनाती है

दिल लेने और दिल देने को युवा प्यार कह जाते हैं
शायद इस उम्र में प्यार का असली अर्थ नहीं समझ पाते हैं

महबूब के लिए जीने -मरने की कसमें वे खाते हैं
उम्र के इस दौर में और रिश्ते उन्हें नज़र ही नहीं आते हैं

मल्लाह के गीत प्रेमी -प्रेमिका के दिल को लुभाते हैं
यह उम्र ही ऐसी है की उसके गीतों का यथार्थ नहीं जान पाते हैं

प्रेमी -प्रेमिका के लिए चांदनी रात विरह की अग्नि लगाती है
वह यह नहीं जान पाते की चाँदनी रात कुछ और भी बताती है

क्षितिज के पार धरती अम्बर के मिलन को देख, नज़रें झुक जाती हैं
पिया का सानिध्य पाकर जैसे नव वधु शर्माती है

ज़वानी की उम्र में जो दिल लेने-देने को प्यार कह जाते हैं
अपने दिलों में पल रहे ईर्ष्या, द्वेष को निकाल नहीं पाते हैं

मल्लाह के गीत जो ज़वानी की उम्र में दिल को लुभाते हैं
रुकना नहीं, थकना नहीं, होंसला रखना ये गीत ही बताते हैं

चाँदनी रात जो ज़वानी की उम्र में विरह की अग्नि लगाती है
अँधेरे में मुसाफिर को राह यही चाँदनी रात दिखलाती है

क्षितिज के पार धरती और अम्बर का मिलन कुछ और समझाता है
हर छोटे और बड़े की निस्वार्थ मदद करने का अर्थ बताता है

आज यदि सब प्यार का सही अर्थ जान पाते
केवल महबूब के लिए जीने- मरने की कसमें ना खाते

एक गिरने वाले को सौ बाहें उठाती
नफ़रत की घुन प्यार की डोरी को ना खाती

ज़वानी की उम्र के प्यार को युवा नाम देते हैं कुछ और
कहते हैं केवल महबूब को ही बाँधती है इस प्यार की डोर

इस प्यार और उस प्यार को मिलाकर तो देखो
प्यार से नफ़रत मिटा कर तो देखो

ऐसा कर पाये तो ज़वानी को बहकी उम्र कहने वाले शर्मा जायेंगे
प्यारे से जहाँ में सभी ख़ुशी से रह पाएंगे

मीनू

4. सरहद का जीवन

देश की आराधना
दुष्कर बड़ी यह साधना

इस साधना से सैनिक परेशान नहीं होता
सरहद का जीवन आसान नहीं होता

कड़क सर्दी सैनिक को लक्ष्य से हटा नहीं पाती
तपती हवाएं होंसले को उसके पिघला नहीं पाती

बर्फ़ीली बारिशों से डरने का कोई नाम नहीं होता
सरहद का जीवन आसान नहीं होता

देश के लिए मरना, देश के लिए जीए जाना
हम परिवार हैं सेनिक का, हमारी रक्षा किये जाना

दिल में फ़ौजी के परायेपन का नाम नहीं होता
सरहद का जीवन आसान नहीं होता

परिवार अपना छोड़ कर सरहद पर हैं आते
दिन-रात पहरे देकर अपना तन हैं गलाते

थकने का इनके चेहरे पर नामो-निशान नहीं होता
सरहद का जीवन आसान नहीं होता

देश प्रेम की साथना दिलों-जान से हैं निभाते
मौत को ये फ़ौजी अपनी प्रेमिका हैं बनाते

बेवफाई का इनके दिल में कोई काम नहीं होता
सरहद का जीवन आसान नहीं होता

रणबांकुरे रण में सिर पर कफ़न का ताज हैं सजाते
वृद्ध होते माता-पिता को छोड़ कर हैं आते

निज स्वार्थ के लिए जीना फ़ौजी का काम नहीं होता
सरहद का जीवन आसान नहीं होता

बलिदान देके अपना अनोखा इतिहास गढ़ जाते
जिसे पढ़ के नईं पीढ़ी के होंसले बढ़ जाते

देश भक्ति से बढ़ कर इन्हें कोई काम नहीं होता
सरहद का जीवन आसान नहीं होता

देश के लिए फौजी खून का कतरा-कतरा है बहाता
आखिरी सांस तक लड़ दुश्मन को धूल है चटाता

जिंदगी में इनके ऐशो-आराम नहीं होता
सरहद का जीवन आसान नहीं होता

सीने पर गोली खाकर फ़ौजी पहचान है पाता
तिरंग में लिपट इनकी रूह को चैन है आता

पीठ दिखाना इनके बस का काम नहीं होता
सरहद का जीवन आसान नहीं होता

देश की आराधना,दुष्कर बड़ी यह साधना
इस साधना से सैंनिंक परेशान नहीं होता

इस साधना से सैनिक परेशान नहीं होता
सरहद का जीवन आसान नहीं होता

मीनू

5. रिश्तों की डोर

इन रिश्तों की डोर पर मुझे नाज़ था, नाज़ है और नाज़ रहेगा

चमन में जब बहारें थीं तो लुत्फ़ उठाने आ गए
पतझड़ की आहट आई तो मुँह मोड़ तन्हाई थमा गए
मुझे दुःख में तन्हा छोड कर मेरे *एतमाद*को नज़रे इनाम बना गए
ये मेरे रिश्ते ही थे जो मुझे जीवन के असली मायने समझा गए

इन रिश्तों की डोर पर मुझे नाज़ था, नाज़ है और नाज़ रहेगा

मोहब्बत भी अब नोटों की मोहताज़ है यह मुझे बतला गए
जरूरत में पीठ दिखा मुझे औकात की परिभाषा समझा गए
ख़ुद के जख्मों पर लगती है ख़ुद मरहम कैसे यह मुझे बतला गए
ये मेरे रिश्ते ही थे जो मुझे जीवन के असली मायने समझा गए

इन रिश्तों की डोर पर मुझे नाज़ था, नाज़ है और नाज़ रहेगा

ठोकर लगी जब मुझे तो ये मुझको धक्का दे और भी गिरा गए
गिरने पड़ ख़ुद ही उठने की तालीम दे हौंसलों का जायका बढ़ा गए
मैं भूल बैठी थी ख़ुद को,ये मेरे रिश्ते मुझे मेरे वजूद से मिलवा गए
ये मेरे रिश्ते ही थे जो मुझे जीवन के असली मायने समझा गए

इन रिश्तों की डोर पर मुझे नाज़ था, नाज़ है और नाज़ रहेगा

मुसीबत में अंगूठा दिखा, हँसी में बेबसी छुपाकर मज़बूत बना गए
सुलझाना ख़ुद ही है मसलों को बता मेरी हिम्मत बढ़ा गए
नाचीज़ नहीं है तू मीनू कहकर मेरी ही नज़रों में मुझे ऊँचा उठा गए
ये मेरे रिश्ते ही थे जो मुझे जीवन के असली मायने समझा गए

इन रिश्तों की डोर पर मुझे नाज़ था, नाज़ है और नाज़ रहेगा

जब तक साँसे चली मेरी मुझे बाज़ीगर बना गए
थम गई जब साँसे मेरी तो अपने बनकर रोने आ गए
चारों तरफ मेरे बैठ दो आँसू गिरा दुनियादारी की रस्म निभा गए
कंधों पर ले चले मुझे और मेरा आखिरी सफ़र भी सजा गए

इन रिश्तों की डोर पर मुझे नाज़ है, नाज़ था और नाज़ रहेगा

मीनू

6. समय बड़ा बलवान

जब बुरा समय राजा पर आवे, राजा को यह रंक बनावे
बुरा समय जब ज्ञानी पर आवे,ज्ञानी मुर्ख बन-बन जावे
अच्छा समय जब रंक पर आवे, रंक को बनाये महान
समय बडा बलवान ओ रब्बा समय बड़ा बलवान

जब बुरा समय श्री राम पर आया, कैकई की बुद्धि को फिराया
राज-पाठ के बदले प्रभू ने चौदह वर्ष का वनवास था पाया
भेद-भाव के कारण देखो लुटा कैकई का मान
समय बड़ा बलवान ओ रब्बा समय बड़ा बलवान

जब बुरा समय रावण पर आया,अहंकार ने उसको पागल बनाया
घमंड में आकर विवेक गंवाया, छल से सीता माँ को चुराया
कैसा ओछा काम किया लंकेश ने, कहलावे था विद्धान्
समय बडा बलवान ओ रब्बा समय बड़ा बलवान

बुरा समय जब पाण्डु पुत्रों पर आया, धर्म का अर्थ उन्होंने भुलाया
स्त्री का सम्मान भुला कर जुए में दाँव पर पत्नी को लगाया
जब चीर हरण हुआ पांचाली का तब युद्ध का हुआ ऐलान
समय बड़ा बलवान ओ रब्बा समय बड़ा बलवान

अच्छा समय जब अहिल्या पर आया,पत्थर से इंसान बनाया
बुरे समय ने अहिल्या को पति श्राप से था पत्थर बनाया
तपस्या का फल मिला अहिल्या को दर्शन दिए प्रभु राम
समय बड़ा बलवान ओ रब्बा समय बड़ा बलवान

अच्छा समय जब शबरी पर आया, प्रभु राम का दर्शन पाया
प्रेम से झूठे बेर खिलाकर श्री राम कृपा के संग समय बिताया
शबरी के प्रभु प्यारे राम ने दिया भक्त को सम्मान
समय बडा बलवान ओं रब्बा समय बडा बलवान

समय की धारा कोई मोड़ ना पाया, अच्छा-बुरा समय सब ने पाया
अच्छ और बुरा समय में जिसने नहीं था अपना संयम गवाया
हर सुख - दुख को सहकर देखो वही बना महान
समय बड़ा बलवान ओं रबबा समय बड़ा बलवान

मीनू

7. संघर्ष कहाँ आसान होता है

कदम-कदम पर जीवन में इम्तिहान होता है
संघर्ष का रास्ता कहाँ आसान होता है
जो हार जाता है राह के काँटों को देख कर
वह जिन्दा लाश के समान होता है
संघर्ष करना ही जिन्दा रहने का नाम होता है

कड़ी धूप में दुर्गम रास्तों चलना नहीं आसान होता है
जख़्मी कदमों से मंजिल की तरफ़ बढ़ना इम्तिहान होता है
जो हार जाता है पाँव के छालों को देख कर
वह जिन्दा लाश के समान होता है
संघर्ष करना ही जिन्दा रहने का नाम होता है

सूर्य से आँखें मिलाना बड़ा दुष्कर काम होता है
राह की चट्टानों को तोड़ना हौसलों का अंजाम होता है
जो हार जाता है चट्टानें को देख कर
वह जिन्दा लाश के समान होता है
संघर्ष करना ही जिन्दा रहने का नाम होता है

जलता रहे तूफानों में भी वह दीप बनना नहीं आसान होता है
तूफ़ानों से भिड़ जाना सहज नहीं काम होता है
जो हार जाता है तूफानों को देख कर
वह जिन्दा लाश के समान होता है
संघर्ष करना ही जिन्दा रहने का नाम होता है

तूफानी बारिशों को सहन करना नहीं मामूली काम होता है
जिस्म गला कर लक्ष्य पाने में सहजता का नहीं नाम होता है
जो हार जाता है तूफानी बारिशों को देख कर
वह जिन्दा लाश के समान होता है
संघर्ष करना ही जिन्दा रहने का नाम होता है

संघर्ष करो और करते जाओ,यही हिम्मती लोगों का काम होता है
रुक जाने का नहीं हिम्मत वालों में नामों -निशान होता है
जो हार जाता है संघर्ष को देख कर
वह जिन्दा लाश के समान होता है
संघर्ष करना ही जिन्दा रहने का नाम होता है

मीनू

8. क्या खुद को बदल पा रहे हैं?

हम तुम इस जिंदगी के मायने नहीं समझ पा रहे हैं
बेफिक्र होकर के अपना जीवन जीये जा रहे हैं
हाथ पे हाथ धर कर बस चर्चाएँ किये जा रहे हैं
बदलेगी दुनियाँ एक दिन, ख्याली पुलाच बना रहे हैं
खुद को बदलने की नहीं हम हिम्मत दिखा रहे हैं

मौत की सच्चाई से बेख़बर, महल पर महल बना रहे हैं
बेईमानी में लग कर ढेरों रूपये कमा रहे हैं
कफ़न में जेब नहीं होती, यह भूले जा रहे हैं
बदलेगी दुनियाँ एक दिन, ख्याली पुलाव बना रहे हैं
खुद को बदलने की नहीं हम हिम्मत दिखा रहे हैं

अमीर गरीबों के गैरत की,धज़्ज़ीयाँ उड़ा रहे हैं
दान कर रहे हैं लेकिन, फोटो खींचा रहे हैं
जेब से अमीर और दिल से गरीब हुए जा रहे हैं
बदलेगी दुनियाँ एक दिन,ख्याली पुलाव बना रहे हैं
ख़ुद को बदलने की नहीं हम हिम्मत दिखा रहे हैं

जो छोड़ गये जहां को, उनकी मज़ारों पर जा रहे हैं
मज़ारों पर मन्नतों के दीपक जला रहे हैं
जो जिन्दा हैं उनको ना हम, पूछ पा रहे हैं
बदलेगी दुनियाँ एक दिन,ख्याली पुलाव बना रहे हैं
ख़ुद को बदलने की नहीं हम हिम्मत दिखा रहे हैं

अपनों से भेद-भाव कर घरों को बँटवा रहे हैं
रिश्तों में खट्टास लाकर अकेला जीवन बीता रहे हैं
माता-पिता को अपने वृद्ध आश्रम पहुँचा रहे हैं
बदलेगी दुनियाँ एक दिन,ख्याली पुलाव बना रहे हैं
खुद को बदलने की नहीं हम हिम्मत दिखा रहे हैं

इस कीमती जीवन को यूँही व्यर्थ गंवा रहे हैं
नशे की लत लगा कर जिंदगी को धुएँ में उड़ा रहे हैं
जिस कोख से जन्म लिया उसे कलंक लगा रहे हैं
बदलेगी दुनियाँ एक दिन,ख्याली पुलाव बना रहे हैं
खुद को बदलने की नहीं हम हिम्मत दिखा रहे हैं

मीनू

9. बचपन

कैसा प्यारा था वो बचपन

जब बच्चे गुड्डे -गुड़िया का ब्याह रचाते थे
छोटे-छोटे बच्चे खेल-खेल में बड़े रिश्तों का फर्ज़ निभाते थे
हर सखी-सखा बाराती बन हँसी-ख़ुशी के फूल बरसाते थे
अब आधुनिकता में पड़ बचपन ऐसे खेल नहीं रचाता है
लैपटॉप-मोबाइल की स्क्रीन पर बचपन खेल अकेले खेल जाता है

कैसा मासूम था वो बचपन

जब बच्चे कागज़ की नाव बनाते थे
बारिश के पानी में मिलकर सब बच्चे अपनी नाव चलाते थे
बारिश की बूंदों से बने सागर में चलती नाव देख ताली खूब बजाते थे
अब आधुनिकता में पड़ बचपन कीटाणुओं से डर जाता है
ना कागज़ की नाव चलाता, ना बारिश में भीगने का मज़ा ले पाता है

कैसा स्वाद था वो बचपन

जब हम नानी के घर जाकर परियों की कहानी सुनते-सुनाते थे
दूध-मलाई से लिपटी,मीठी-मीठी मुनहारों से भरी रोटी खाते थे
दूध से भरा गिलास एक,दो,तीन कहते ही ख़त्म कर जाते थे
अब आधुनिकता में पड़ बचपन पिज़्ज़ा-पास्ता खाता है
नेट फ्लिक्स की कड़वी गाथा पढ़ उम्र से पहले जवाँ हो जाता है

कैसा चंचल था वो बचपन

जब स्टापू, लुका-छुपी, रस्सी कूदने का खेल रचाते थे
बिना जिम, बिना डाइट,शरीर और दिल दोनों को स्वस्थ बनाते थे
अब आधुनिकता में पड़ बचपन ऐसे खेल नहीं खेल पाता है
मोबाइल पर उँगलियाँ चलती हैं पर दौड़ में पीछे रह जाता है
बुढ़ा होने की उम्र से पहले ही बच्चा बुढ़ा बन जाता है

कैसा जिंदादिल था वो बचपन

जब मित्रों संग पहेलियाँ बुझाते और अंतराक्षी में गीत गाते थे
हर पारी पर *वाह-वाह* करके हँसी-ख़ुशी बिखराते थे
अब आधुनिकता में पड़ बचपन दिखावे में खोता जाता है
मोबाइल में LOL भेज वो हँसने का फर्ज़ निभाता है
खुल कर हँसने और ठहाके लगाने का आनंद नहीं ले पाता है

कैसा निर्दोष था वो बचपन

जब बिना जात-पात को सोचे दोस्त दिल से बनाते थे
कोई अकड़ नहीं थी किसी में मित्रों को दौलत बताते थे
अब आधुनिकता में पड़ बचपन दौलत का रौब दिखाता है
अब स्टेटस की बुनियाद पर ब्रांडेड़ दोस्त बनाता है
अपनी शानों-शौकत के बल पर दूजे को नीचा दिखाता है

कैसा सजीव था वो बचपन

जब जन्मदिन को समोसे, रसगुल्ले और हँसी से सजाते थे
ना कोई डीजे ,ना कोई सेल्फी, बस दिलों में ऐसे दिन अमर हो जाते थे
सब मित्रों का प्यार पाकर बच्चे फूले नहीं समाते थे
अब आधुनिकता में पड़ बचपन बड़े होटल में जन्मदिन मनाता है
पर उस सुकून और अपनत्व को अपने जीवन में नहीं ला पाता है

कैसा संस्कारी था वो बचपन

जब दोस्त मिल कर रामलीला देखने जाते थे
मूंगफली, गच्चक को मिल बाँट कर मज़े-मज़े से खाते थे
लक्ष्मण जैसा भाई और राम जैसा पुत्र बनने की कसमें बच्चे खाते थे
अब आधुनिकता में पड़ बचपन यू-ट्यूब चलाता है
इसमें प्रेम के किस्से देख बचपन ही बिगड़ता जाता है
मीनू

10. भाई -बहन का अनोखा रिश्ता

कच्चे धागे सा हर रिश्ता हल्का झटका भी जिसे तोड़ जाता है
भाई-बहन का अनोखा रिश्ता कभी टूट नहीं पाता है

ऐसा कौन सा रंग है जीवन का जो इस रिश्ते में नही आता है
भाई-बहन का पावन प्रेम इस रिश्ते को महकाता है

जब भाई छोटा होता है, कुछ बोल-सामझ नही पाता है
बाते सुन अपनी बहन की तब भी वह मस्ती में मुस्कुराता है

मस्ती भरी मुरकान भाईं की बहन को बहुत ही भाती है
अपने छोटे भार्ड को बहन सदा प्यार से गले लगाती है

जब भाई थोड़ा बड़ा हो जाता है तब झ़गडे कर सताता है
रूठ जाये जब बहन तो तोतली आावाज़ में उसे मनाता है

छोटे-छोटे झगड़े कर चाहे दोनों एक-दूजे को सताते है
शाम तक मान-मनौती कर साईकिल इकट्ठा चलाते हैं

झगड़ों के संग-संग दोनों प्यार भी शिद्दत से निभाते हैं
माँ -बाबा की डांट से हमेशा एक-दूजे को बचाते हैं

छोटा भाई बड़ा होकर बहन का रक्षा कवच बन जाता है
जमाने की हर बुरी नज़र से अपनी बहन को वह बचाता है

डोली में बिठा बहन को भाईआँसू अपने छुपाता है
कदम-कदम पर साथ बहन का भाई ही दे पाता है

मामा बन भाई की आखों में अनोखी चमक आ जाती है
बुआ बनकर बहन भी कुछ ज्यादा ही इतराती है

यह नहीं की शादी के बाद इनमें कहा-सुनी बंद हो जाती है
बुआ और मामा की टोलियाँ अब हुड़दंग बहुत मचाती हैं

रूठना-मनाना तो इस रिश्ते का अहम हिस्सा बन जाता है
इसके बिना दोनों को एक-दूजे का प्यार समाझ नहीं आता है

यह नहीं की ग़लतफहमियाँ इस रिश्ते में नहीं आती हैं
ज्यादा देर इस रिश्ते में ये गलतफेहमीयाँ टिक नहीं पाती हैं

मेरा-तेरा, तेरा-मेरा भी रिश्ते में खास भूमिका निभाता है
कोशिश चाहे लाख करे कोई पर यह रिश्ता टूट नहीं पाता है

दूरियों की बात करें तो ये भी कम नहीं सताती हैं
कई बार भाई-बहन को एक-दूजे से बहुत दूर कर जाती हैं

ज्यादा देर ये दूरियाँ भी भाई-बहन को दूर नहीं कर पाती हैं
ये दूरियाँ मिट कर रिश्ते को और भी मजबूत बना जाती हैं

गिले-शिकवे भी भाई-बहन को जोर-शोर से आजमाते हैं
भाई-बहन के प्यार के आगे ये भी नतमस्तक हो जाते हैं

भाई की दीर्घायु के लिए बहन सदा अरदास करती जाती है
भाई की खुशियों के लिए ईश्वर के आगे आँचल फैलाती है

बहन की साँसे थमने पर भाई पीहर की चुनरी पहनाता है
अंतकाल तक साथ दे भाई राखी का वचन निभाता है

मीनू

11. युद्ध

यह युद्ध कुदरत की देन नहीं, यह मानव की मूढ़ता दर्शाता है
प्रेम के सागर में पलते दिलों को, नफ़रत की ज्वाला में जलाता है

ईश्वर ने जब रचा था मानव, दिया था हृदय प्रेम लुटाने को
दिया था मस्तिष्क, ज्ञान-दीप जलाकर सत्य-साधना पाने को
न दी अनुमति बमों के निर्माण की, न दी छूट विनाश रचाने को
नहीं आदेश मिला था उसे, शक्ति दिखाकर तानाशाही जताने को

यह युद्ध कुदरत की देन नहीं, यह मानव की मूढ़ता दर्शाता है
प्रेम के सागर में पलते दिलों को, नफ़रत की ज्वाला में जलाता है

सृजन किया मानव का ईश्वर ने, धरा को स्वर्ग बनाने को
नहीं भेजा था उसे, अपने ही वंश को राख में मिलाने को
नहीं दी इज़ाज़त प्रकृति के आँचल में पल रहे सौंदर्य को मिटाने को
नहीं मिली आज्ञा, खून-ख़राबे से धरा को रक्त-रंजित कर जाने को

यह युद्ध कुदरत की देन नहीं, यह मानव की मूढ़ता दर्शाता है
प्रेम के सागर में पलते दिलों को, नफ़रत की ज्वाला में जलाता है

मानव को भेजा गया था मानवता का दीप जलाने को
न कि उसी मानवता के सीने पर बम और तोपें चलाने को
नहीं अनुमति मिली मानव को दानव बन हैवानियत जगाने को
नहीं आदेश मिला शैतान बन मज़हबी दंगे फैलाने को

यह युद्ध कुदरत की देन नहीं, यह मानव की मूढ़ता दर्शाता है
प्रेम के सागर में पलते दिलों को, नफ़रत की ज्वाला में जलाता है

आया था मानव इस धरा पर एक-दूजे का साथ निभाने को
दुःख-सुख में छाँव बन कंधे से कंधा जोड़ एकता बढ़ाने को
नहीं दी अनुमति नरसंहार कर धरा को बाँझ बनाने को
नहीं स्वीकृति दी ईश्वर ने हैवान बन इंसानियत हराने को

यह युद्ध कुदरत की देन नहीं, यह मानव की मूढ़ता दर्शाता है
प्रेम के सागर में पलते दिलों को, नफ़रत की ज्वाला में जलाता है

भेजा नहीं मानव को लाशों के ढ़ेर पर विजय को
इंसानियत के शव पर विजय जश्न मनाने को
मानव को भेजा शांति का सृजन कर, ईश्वर का सत्य संदेश बताने को
नहीं अनुमति दी ईश्वर ने युद्ध रूपी पाप को अंजाम दे जाने को

यह युद्ध कुदरत की देन नहीं, यह मानव की मूढ़ता दर्शाता है,
प्रेम के सागर में पलते दिलों को, नफ़रत की ज्वाला में जलाता है

मीनू

12. दीपक और मैं

सांय काल जब अंधेरा छाया, मैंने था दीपक जलाया
दीपक ने जल कर, रोशनी फैला घना अंधेरा दूर भगाया

जड़ सी हुई मैं दीपक को एक टक निहार रही थी
शायद किसी सवाल के जाल से खुद को उभार रही थी

आखिर अपना सवाल अपने लबों पर लाई
दीपक कीओर देख कर थोड़ा मुस्कुराई

मैंने कहा,अपने स्वार्थ की खातिर तुम्हें प्यार से जला लेते हैं
काम निकल जाने पर फूंक मार बुझा देते हैं

तुम्हें हमारे स्वार्थ पर क्या कभी गुस्सा नहीं आया
तुमने तो कभी हमें नाराज़ होकर भी नहीं दिखलाया

मेरी बातें सुन दीपक मंद-मंद ऐसे मुस्कुराया
जैसे अपनी मंज़िल पर पहुँच विजय पताका फहराया

दीपक बोला, देखा शांत रह कर मैंने विजय है पाई
मेरी रोशनी ने तुम्हारे अंदर इंसानियत की जोत जलाई

मेरा धर्म है आना सबके काम
रौशनी फैला कर राह दिखाना मेरा काम

जीवन ऐसे ही बिताने का मैंने किया है इरादा
नाराज़गी दिखा कर क्यों झुठलाऊँ मैं अपना वादा

आज जैसे तुम्हारे अंदर इंसानियत है भर आई
धीरे-धीरे दूसरे की मदद कर हम मिटा देंगे स्वरथ की काई

मेरी नीली रौशनी धैर्य, भरोसा और सद्भाव सिखलाये
तभी नाराज़गी कभी भी मेरे मन में नहीं समाये

सफ़ेद रंग की रौशनी मुझ में शांति लाये
तभी यह दीपक कभी बुझने पर नहीं नीर बहाये

पीला रंग मुझमें उत्साह को है भर जाता
तभी मैं सबको राह दिखला खुश हो पाता

बैंगनी रंग मुझमें ज्ञान की जोत जलाये
सबकी मदद कर तभी यह दीपक गरिमा पाये

दीपक की बातों से मेरे अंदर उजाला भर आया
इस नन्हें दीपक ने मुझे जीवन का अर्थ समझाया

मैंने भी बिना स्वार्थ सबकी मदद करने की शपथ है खाई
आज मैंने बहुत इज़्ज़त से थी नन्हें दीपक की रोशनी जलाई

मीनू

13. दान

ईश्वर से सुख-संपदा पाने को लोग मंदिरों तक जाते हैं
उसी के दिए सिक्कों को उसी के चरणों में चढ़ा इठलाते हैं
इस आडंबर को 'दान' का नाम दे, आत्मश्लाघा जतलाते हैं
पर दान का मर्म क्या होता है, यह जान ही नहीं पाते हैं

कैमरों की चमक में अपनी 'भक्ति' की तस्वीरें खिंचवाते हैं
अहंकार की चादर ओढ़, गरीब की झोली तक जलाते हैं
तिरस्कार की दृष्टि से देख, वस्त्रों में भी भेद जताते हैं
दान का अर्थ क्या होता है, यह जान ही नहीं पाते हैं

मदद कर, एहसानों की जंजीरें कस फोटो अख़बार में छपवाते हैं
'हम हैं तो तुम हो' – ये बातें कर दिलों की ज़मीनें हिला जाते हैं
उतरन सौंप, उसे करुणा कह,महादानी का ख़िताब पाते हैं
दान का उद्देश्य क्या होता है, यह जान ही नहीं पाते हैं

बाल-मज़दूरी को छुपा, ज्ञान का दीपक बुझाते हैं
'पढ़ के क्या होगा?' – ये शब्द भविष्य तक को डराते हैं
त्योहारों पर मिठाई बाँट, अपने दान का बखान कर जाते हैं
दान की गरिमा क्या होती है, यह जान ही नहीं पाते हैं

वृद्धाश्रम में कुछ सिक्के देकर महादानी बन जाते हैं
पर माँ-बाप को वहीं छोड़, रिश्तों से मुँह चुराते हैं
पुण्य का व्यापार कर, स्वर्ग के सपने सजाते हैं
दान का सच्चा स्वरूप क्या है, यह जान ही नहीं पाते हैं

हरिश्चन्द्र की तरह चुपचाप दान नहीं दे पाते हैं
'हम जैसा दानी कोई नहीं' — मंचों से चिल्लाते हैं
शिक्षा की बोली लगाकर, ज्ञान को भी बिकवाते हैं
दान की आत्मा क्या होती है, यह जान ही नहीं पाते हैं

नेत्र, रक्त या अंगों का दान कर सौदे करवाते हैं
मानवता की कीमत लगा, संवेदना को भी बेच आते हैं
अनाथालय में जश्न मना, अनाथों को ही रुलाते हैं
दान की संवेदना क्या होती है, यह जान ही नहीं पाते हैं

सच्चे दानी तो वह है जो अपने नाम का डंका नहीं बजवाते हैं
जो छू जाए किसी आत्मा को, ऐसा कर्म कर प्रभु के गुण गाते हैं
पर हम तो नाम के लालच में, सब कुछ परदे पर लाते हैं
दान का देवत्व क्या होता है, यह जान ही नहीं पाते हैं

मीनू

14. शहादत की शपथ

भारत माँ की शान में अर्पित कर दी जीवन-डोरी
स्वतंत्रता थी जिनके लिए माँ की मीठी लोरी
जिनकी दृष्टि में भारत माँ थी सबसे अनुपम और प्यारी
वो वीर कहाँ से लाऊँ, जो भारत माँ पर थे बलिहारी

राष्ट्र-प्रेम में तिल-तिल अपने जीवन का दीप जलाया
हँसते-हँसते उन वीरों ने भारत माँ की खातिर फाँसी को गले लगाया
अंतिम श्वासों तक लड़े,भारत का गुलामी से नाता तोड़ा
अमृत स्वराज हमें दिलाया, स्वयं मृत्यु से नाता जोड़ा

शहीद दिवस पर चढ़ाते हैं श्रद्धा की एक माला
बाकी दिनों भूल बैठते हैं उनका रक्तसिंचित उजाला
लोभ की बेड़ियों में जकड़, भ्रष्टाचार की पूजा कर बन जाते बेशर्म
कुकर्मों से आज़ाद भारत को गुलाम बना कर आती नहीं शर्म

अलविदा कह गए जो सपूत, हमें देकर आज़ादी
क्या हमने सहेजा है उनका स्वप्न,बन लोहे-से फौलादी
नशे की दलदल में डुबो खुद को युवा नें कर दी वतन की बर्बादी
भारत आज भी नशे -भ्रष्टाचार के आगे गुलाम है ऐसी कर दी मुनादी

देशभक्ति के गीतों में दिखाते हैं दिखावटी समर्पण
शहीद दिवस पर फूल चढ़ा, लगाते हैं जयघोषों का प्रदर्शन
पर जिनकी रग-रग में बही थी मातृभूमि की करुण कथा
उन वीरों की कुर्बानी भुला भारत को बना डाला भ्रष्टाचार की व्यथा

पग-पग पर शहीदों के चिन्ह, पर न रच पाए क्रांति,
काले कारोबारों से किया शहीदों का अपमान और फैलाई अशांति
भारत माँ की चूनर पर धोखे के दाग लगाया
स्वार्थ की धूल से अपने ही वतन को मलिन कर मिट्टी में मिलाया

भारत माँ के वीर लालो, क्या तुम भगत जैसे बन पाओगे
या मोह-माया में उलझ, इंसानियत का रक्त बहाओगे
क्या खुद को सुधार तुम देश से अन्याय, भ्रष्टाचार मिटाओगे
या शहीदों के सपनों का भारत को फिर से गुलाम बनाओगे

स्वार्थ की मैल धो, आत्मा को क्या निर्मल कर पाओगे
राष्ट्रभक्ति में रंगकर, भारत का गौरव क्या लौटा लाओगे
कहीं ऐसा न हो, कि अंधकार में खो जाए यह अमूल्य रत्न,
उठो, क्रांति की किरण बन,बना दो भारत को एक सुन्दर, पवित्र वतन

क्या यह कलम फिर से क्रांति की मशाल जला पाएगी
क्या माँ भारती के लालों में फिर लहर नई उठाएगी
या अन्याय से जूझते-झूझते, ये भी चुपचाप बुझ जाएगी
शहादत की शपथ है,यह भारत को नशा एवं भ्रष्टाचार मुक्त बनाएगी

मीनू

15. मित्रता

मित्रता - वह अनुपम बंधन है जिसमें आत्माओं का होता है समावेश
ना रक्त चाहिए, ना रिश्ता... मित्रों के हृदय में नहीं होता द्वेष

सुख-दुख की हर घड़ी में मित्र साथ है निभाता
निराशा के अंधेरे में भी उम्मीद का दीप है जलाता

यह वह फूल है जिसकी पंखुड़ियाँ होती हैं निष्कलंक
न छल, न ईर्ष्या – इसमें समाहित है केवल प्रेम का अंक

यहाँ वफ़ा कोई शब्द नहीं, जीने की है शैली
यह रिश्ता नहीं, एक आराधना है, आराधना नहीं होती मैली

पर आज के समय में, यह भाव कहाँ टिक पाया
मित्रता अब व्यापार बनी, जहाँ स्वार्थ ही है मुस्काया

कभी जिसकी सौगंध खाई जाती थी मित्रता थी जान से प्यारी
आज उसी मित्रता में छुपी होती है धोखे की कटारी

आज मित्र ही मित्र की ख़ुशी देख ईर्ष्या, द्वेष मन में रख है जलता
सौम्य मुस्कान के मुखौटे तले मित्र का छल है पलता

मित्रता का वो सुगंधित सार अब ईर्ष्या से है गंधाने लगा
यह 'तेरा' वह 'मेरा' में बदल,अहंकार मित्रों में आने लगा

अब "तेरे लिए मैं" नहीं, "तू मेरे लिए क्या करेगा?" पूछा है जाता
और आत्मीयता की जगह सुविधा का रिश्ता ही निभ पाता

सच्ची मित्रता, जो आरती की लौ सी तेजस्वी होती
अब सौदेबाज़ी बन मित्रता पवित्र तेज़ है खोती

कभी जो मित्र साथ बैठकर सपनों को देते थे पंख
आज मित्र-मित्र को बर्बाद कर बजाते हैं विजय का शंख

मित्रता, वो तपस्या थी – जहाँ 'मैं' नहीं था, सिर्फ था 'हम'
मदद के हाथ बिना बुलाए उठते थे, और साथ कभी न हुआ कम

पर अब हर सहायता पीछे कुछ है माँगती
और नीयत चुपके से स्वार्थ की दरकार है बाँधती

क्या यही है वो मित्रता जो कृष्ण-सुदामा ने थी जी
जिसमें भगवान ने झुककर दोस्ती की पूजा थी की

वो आलिंगन जहाँ कोई संकोच नहीं, सिर्फ था समर्पण ही समर्पण
मित्र के लिए मित्र कर देता था अपने दिलों-जान अर्पण

कृष्ण बन पाना दुर्लभ है, पर क्या सुदामा-सा भाव सकते हैं ला
बिना लाभ-हानि को सोच क्या निभा सकते हैं मित्रता का सिलसिला

सच्ची मित्रता ना पूछती है जात, कुल, धन या रूप
वो पहचानती है बस आत्मा को – जहाँ दिखता है ईश्वर का स्वरूप

हे मानव, यदि मित्रता को फिर से पूजा बना पाओ,
तो शायद इस कलियुग में भी द्वापर की गूँज दोहरा जाओ

फिर ना कोई मित्र, मित्र की पीठ में खंजर चुभाएगा
कंधे से कंधा मिलाकर मित्र का साथ दे उसे अँधेरे से उजाले में लाएगा

तो आओ – मित्रता को फिर से दें देवत्व का रूप
अपने भीतर के जागाएँ, कृष्ण और सुदामा को स्वरुप

आओ मित्रता को दग़ाबाजी के श्राप से मुक्त कराएँ
मित्र में खुदा की झलक देखें और मित्रता को पवित्र बनाएँ

मीनू

16. विकल मन

विकल मन मेरा कराह रहा, देख जग का मर्मांतक हाल
कहीं विश्वास की चिता सुलगती, कहीं रुदन करता इंसान बेहाल

धोखे की चादर में लिपटी हैं अब रिश्तों की परछाइयाँ
हर चेहरे पे मुस्कान झूठी, भीतर जलती तन्हाइयाँ

बदले की भट्ठी में हर दिल अंगारे सा जल रहा
मानवता की निर्मल गंगा को रक्त से रंजित कर रहा

तानाशाहों की भूख में तोपों का संगीत बज रहा
निर्दोषों की लाशों पर नफ़रत का रंग सज रहा

विकल मन मेरा पूछे– ये कैसा युग है, ये कैसी है कहानी
कहीं छल, कहीं हत्याएँ, कहीं इंसानियत हुई आनी-जानी

नशे की दलदल में डूब रहा है कल के भविष्य का बड़ा हिस्सा
चरस-गाँजे की लत में पड़ धूमिल कर अपना किस्सा

माँ-बाप के त्याग की थाती बन गई है नशे का व्यापार
खोखले विचारों को कह रहे हैं "आधुनिक" आज के व्याख्याकार

बेटियों को हवस की हवाओं ने जिन्दा लाश बनाया
आधुनिकता में रंगी बेटी ने अंग दिखाते छोटे कपड़ों को अपनाया

संस्कृति को कहकर "बोझ", देह का तमाशा सजाया गया
चमकते वस्त्रों में आत्मा का नंगा मेला लगाया गया

विकल मन मेरा रोता है — किस मोड़ पे आ गया संसार
जहाँ नारी नहीं पूजी जाती, बस बनती है व्यापार का आधार

पवित्र बंधन भी अब सौदे में तौले जाते
कोई भी रिश्तों के बंधन अब निभ ही नहीं पाते

धर्म का नाम ले नफ़रत के बीज बोए जा रहे
ईश्वर को भूला, आदमी खुद को भगवान कहलवा रहे

कलयुग की आहट नहीं- यह है लील लेने वाली प्रलय की कहानी
बहुत ही मुश्किल है इस जहान में इज़्ज़त से रोटी खानी

नग्नता को स्वतंत्रता कह, मर्यादा को नकारा गया
बेशर्मी के उत्सव में इंसान भीतर से मारा गया

क्या यही विकास है, क्या यही सभ्यता की उड़ान
जहाँ आत्मा रोती रहे, और मौन है हर इंसान

विकल मन मेरा आज शपथ माँगता है ऐसे इंसानों की भीड़ से
जागो! वरना न मर पाओगे, न जी पाओगे ऐसे नासूर की पीड़ से
मीनू

17. बुढ़ापा-एक नई सुबह

जब बचपन की चहक और जवानी की चमक विदा हो जाती
तब बुढ़ापा की अवस्था मुस्कुरा के बाहें फैलाए आलिंगन कर पाती

जिंदगी की अवस्थाएँ तो ऋतुओं की तरह हैं आती
ये ऋतु तो आनी थी, क्यूँ तू उम्र के इस पड़ाव में हाय-तौबा है मचाती

बुढ़ापा तो जीवन का स्वर्णिम पड़ाव है, ओ प्यारी
यह सोचकर क्यों तू उदासियों में खुद को हारी

इस अवस्था ने भागती ज़िन्दगी की रेस से दिलाया है विराम
आराम की मिठास से जीने बुढ़ापा लाया का नया पैगाम

यह बुढ़ापा नहीं कोई बोझ, यह तो है सौगात
इसमें मस्ती भी है, गहराई भी, और अनुभव की है बरसात

हँस, बोल, ठहाके लगा–दिल को दे मुस्कान
बुढ़ापा नहीं बीमारी है, ये तो है एक वरदान

क्यों तू सोचती है ये जीवन के अंत की है घड़ी
अरे! यह तो नयी शुरुआत है, अधूरी ख्वाहिशों की है झड़ी

उठा कलम, पूरी कर वो अधूरी कविताएँ
जो दिल के किसी कोने में वर्षों से तू बैठी है छुपाएँ

सज्जनों की संगत में चल, काव्य गोष्ठियों में तू चमक
हर तालियों की गूंज में पाएगी अपने जीवन में नई दमक

ईश्वर की उपासना में लग, कुछ पल कर भाव-विचार
भजन, ध्यान, और संगीत में पा ले जीवन का सार

कैनवस उठा, जीवन की रंगत बिखेर उस पर बेहिसाब
तेरे अनुभवों के रंगों से बन जाए कोई अद्भुत ख्वाब

बच्चों से दोस्ती कर, उनकी दुनिया में रच-बस जा
उन्हें जीने का हुनर सिखा, और कुछ खुद में बदलाव ला

अपने अनुभवों से उनका जीवन सँवारने में ना छोड़ कोई कसर
बना सेतु पीढ़ियों के बीच,जो आगे की पीढ़ी पर छोड़े अमिट असर

तो चल, कह दे ये जग से– "बुढ़ापा है मेरा अभिमान"
इस पड़ाव में भी जीवन का उत्सव हर दिन है महान

मीनू

18. प्रेम

प्रेम आदि है,अंत है,प्रेम में होती है शक्ति अपार
राधा ही कृष्ण है और कृष्ण ही राधा है,यही है प्रेम,यही है प्यार
इस प्रेम को समझना हर किसी के बस में नहीं है यार

प्रेम धड़कन है, सांस है, प्रेम कहलाये एतबार
जो दिल पीर पराई देख ना पिघले उसमें होता नहीं है प्यार
इस प्रेम को समझना हर किसी के बस में नहीं है यार

प्रेम आज है, कल है,प्रेम कहलाये जीवन का आधार
जो निज स्वार्थ के लिए मर्यादा लांघ ले उसे होता नहीं है प्यार
इस प्रेम को समझना हर किसी के बस में नहीं है यार

प्रेम संगी है,साथी है, प्रेम कहलाये परिवार
जिसमें मिला हो धोखे का रंग वह होता नहीं है प्यार
इस प्रेम को समझना हर किसी के बस में नहीं है यार

प्रेम सहारा है, शक्ति है,प्रेम गिरने वाले को उठाये बारम्बार
जिसमे दिल में दया नहीं उसमें होता नहीं है प्यार
इस प्रेम को समझना हर किसी के बस में नहीं है यार

प्रेम त्याग है,भक्ति है, प्रेम है फूलों का हार
जिसमें बेवफाई का अंश हो वह होता नहीं है प्यार
इस प्रेम को समझना हर किसी के बस में नहीं है यार

प्रेम राष्ट्रहै,अनुराग है, प्रेम नहीं होता गद्दार
जिस दिल में गद्दारी हो उसमें होता नहीं है प्यार
इस प्रेम को समझना हर किसी के बस में नहीं है यार

प्रेम क्षमा है, प्रेम ईफ़ाज़त है, प्रेम करता नहीं अत्याचार
जो फैलाये हिंसा वह कर सकता नहीं है प्यार
इस प्रेम को समझना हर किसी के बस में नहीं है यार

मीनू

19. परदेश से घर वापिस आ जा

दौलत से मुझे क्या लेना, बेटा क्यों मुझे तू पैसे भिजवाता है
जब से तू परदेस गया, मुझे चैन नहीं आता है
तेरा यह बूढ़ा बाप अकेला तुझ बिन दिन गिन-गिन समय बिताता है
परदेश से मेरे बेटे क्यों नहीं घर वापिस आ जाता है

इन बूढी आँखों से अब तेरा पैसा भी गिना नहीं जाता है
हाथ अब कंपकंपाने लगे,बूढ़े हाथों से काम नहीं हो पाता है
तेरा यह बूढ़ा बाप अकेला तुझ बिन दिन गिन-गिन समय बिताता है
परदेश से मेरे बेटे क्यों नहीं घर वापिस आ जाता है

पैर भी लड़खड़ाने लगे,बूढे हुए पैरों से चला नहीं जाता है
जुबान साथ छोड़ने लगी,मेरी भाषा कोई समझ ना पाता है
तेरा यह बूढ़ा बाप अकेला तुझ बिन दिन गिन-गिन समय बिताता है
परदेश से मेरे बेटे क्यों नहीं घर वापिस आ जाता है

खाना-पीना छूट रहा मेरा क्यों पैसे मुझे भिजवाता है
तेरे मन की बात समझता था मैं,तू मुझे क्यों नहीं समझ पाता है
तेरा यह बूढ़ा बाप अकेला तुझ बिन दिन गिन-गिन समय बिताता है
परदेश से मेरे बेटे क्यों नहीं घर वापिस आ जाता है

पैसे से जीवन ना कटे,तू मेरी वैसाखी क्यों नहीं बन जाता है
बिन बच्चों के बूढ़ी अवस्था कोई इंसान काट नहीं पाता है
तेरा यह बूढ़ा बाप अकेला तुझ बिन दिन गिन-गिन समय बिताता है
परदेश से मेरे बेटे क्यों नहीं घर वापिस आ जाता है

खफ़ा ना होना मुझसे तू, जो कहा क्यों पैसे भिजवाता है
सारी दुनियाँ से प्यारा बेटा,मेरे प्रति हर जिम्मेदारी को निभाता है
तेरा यह बूढ़ा बाप अकेला तुझ बिन दिन गिन-गिन समय बिताता है
परदेश से मेरे बेटे क्यों नहीं घर वापिस आ जाता है

तू पैसे भेजता है तभी यह बूढ़ा सम्मान से जीवन बिताता है
घर में हर सुविधा है बेटा पर तू कहीं नज़र नहीं आता है
तेरा यह बूढ़ा बाप अकेला तुझ बिन दिन गिन-गिन समय बिताता है
परदेश से मेरे बेटे क्यों नहीं घर वापिस आ जाता है

बूढ़ा हो गया बाप तेरा,अब तेरा पैसा संभाल नहीं पाता है
तेरा सुखमय स्पर्श पाने को दिल बेचैन हुआ जाता है
तेरा यह बूढ़ा बाप अकेला तुझ बिन दिन गिन-गिन समय बिताता है
परदेश से मेरे बेटे क्यों नहीं घर वापिस आ जाता है

अर्थी को कन्धा देने से पहले मेरे बेटे तू क्यूँ नहीं आता है
मेरे लाडले तेरे तुझे गले लगाने को दिल बेचैन हुआ जाता है
तेरा यह बूढ़ा बाप अकेला तुझ बिन दिन गिन-गिन समय बिताता है
परदेश से मेरे बेटे क्यों नहीं घर वापिस आ जाता है

मीनू

20. मय का अफसाना

हमनें सुना जब "मय" का अफसाना
ऐसा लगा गम के मारों का इसी ने है साथ निभाना

सुना है रोते हुओं को यह ही हँसाए
टूटे दिलों का साथ मय ही निभाए

पीते ही सारे गम यह भुलाए
कोई दुःख, कोई दर्द दिल में टिक नहीं पाए

यह जान पहली बार हम जब मयखाने आए
घबराए हुए एक शखस से हम टकराए

उसकी ओर हमनें जब नज़र उठाई
हालत देख उसकी हगारी आँखे भर आई

उसके लखखड़ाते कदमों को देख हम बौखलाए
ऐसा लगा ज़नाब दिल पर गहरी चोट हैं खाए

सोच लिया हमनें इसको अपना साकी बनाएँगे
मिल बैठ दोनों जाम से जाम टकराएँगे

कुछ उसकी सुनेंगे, कुछ अपनी सुनाएँगे
जाम से जाम टकरा अपने ग़म भुलायेंगे

साकी ने हमारे अचानक दो-चार गाली सुनाई
रोका तो मारने को शराब की टूटी बोतल उठाई

साकी पर तो "मय" ने नशा था चढ़ाया
ग़म में नहीं साकी नशे से था लड़खड़ाया

अब हम साकी के लड़खड़ाते क़दमों की कहानी समझ पाए
"मय" की शैतानी देख हम बड़े घबराए

पीने वाले हर शख्स को शराब सितमगर बनाए
घर में परेशान माँ उसे नज़र ही ना आए

घर में बीबी-बच्चे चाहे भूखे सो जाए
*मय" का तलबगार यह देख ही ना पाए

ना जाने फिर भी क्यूँ मय पीने वालों के मन को बहुत ही भाये
जो इसे पीता है उसे खुद में दुनियाँ सारी नज़र आये

झूठ का मीठा घूँट-मय, मुश्किल का ना कोई हल दिखाए.
बस दो पल का झूठा सुकून देकर बर्बाद यह कर जाए

यह जो सहारा होती तो पीने वाला इसे पीकर कभी ना लड़खड़ाता
नाली में गिर गली के कुत्तों से अपना मुँह ना चटवाता

समझ गए हम गम के मारों का मधुशाला में जाना
"मय"को गम भुलाने का सहारा बनाना और लड़खड़ाना

मय की कहानी जान हमारी आत्मा बड़ी छटपटाई
"मय" तो जहर है, क्यों यह *मधुशाला*में जाती है पिलाई

इसे पीने वाला हर शखस अपनी जिंदगी जहनुम बनाए
फिर क्यों "मयखाना" मधुशाला कहलाए

हमने सोच लिया अब हम कभी मधुशाला नहीं जायेंगे
ग़म हो या खुशी, अब अपनों संग बाँटकर मुस्कुराएँगे

.

खुद को इस मय की लत से बचाएँगे
अपनी मेहनत से कमाई दौलत को मधुशाला में ना उड़ाएँगे

मीनू

21. ख़ुदा और उसकी बंदगी

मैं ख़ुदा और उसकी बंदगी के सही मायने जानना चाहती हूँ
दिखाए जो सही राह उसे रहनुमा मानना चाहती हूँ
जो खुद भटके हुए हैं,क्या दिखाएँगे मुझे रास्ता
जिन्हें खुद का पता नहीं,वो क्या समझायेंगे बंदगी का वास्ता

नवरात्रों पर मैया की मूरत को रेशमी चुनरी से सजाया जाता है
पर झुकी कमर वाली बुढ़िया माँ पर गुस्सा बरसाया जाता है
हाय! इंसानियत पर जब बुतपरस्ती भारी पड़ जाती है
ख़ुदा की ऐसी बंदगी में दुर्गन्ध बहुत ही आती है

कन्या पूजन में सुन्दर श्रृंगार कर कन्या को देवी बनाया जाता है
पर गर्भ में आते ही बेटी को मौत की नींद सुलाया जाता है
हाय! इंसानियत पर जब बुतपरस्ती भारी पड़ जाती है
ख़ुदा की ऐसी बंदगी में दुर्गन्ध बहुत ही आती ह.

इन मासूम बच्चियों का मातम भी मनाया नहीं जाता है
काफिरों की दुनियाँ में माँ का दिल दुःखाया जाता है
हाय! इंसानियत पर बुतपरस्ती भारी पड़ जाती है
ख़ुदा की ऐसी बंदगी में दुर्गन्ध बहुत ही आती है

मंदिर,मस्जिद,गुरुद्वारों में चढ़ावे हर शख्स चढ़ावे बहुत चढ़ाता है
पर ख़ुदा के द्वार पर बैठे भूखे की भूख का मसला हल ना हो पाता है
हाय! इंसानियत पर बुतपरस्ती भारी पड़ जाती है
ख़ुदा की ऐसी बंदगी में दुर्गन्ध बहुत ही आती है

इंसानियत को इंसान जब बुतपरस्ती के कारण मज़हब बना जाता है
तो प्रसाद में से भी भूखे मासूम के हिस्से कुछ नहीं आता है
हाय! इंसानियत पर बुतपरस्ती भारी पड़ जाती है
ख़ुदा की ऐसी बंदगी में दुर्गन्ध बहुत ही आती है

डॉक्टर ईमान की कसम खाते हैं और सेवा का प्रण लिया जाता है
पर गरीब को तो बिना पैसे के इलाज भी मुहैया नहीं हो पाता हैं
हाय! इंसानियत पर बुतपरस्ती भारी पड़ जाती है
ख़ुदा की ऐसी बंदगी में दुर्गन्ध बहुत ही आती है

गरीब के हिस्से में इलाज के नाम पर लाइनें और इंतज़ार आता है
दौलत का लालच डॉक्टर के सेवा के प्रण को मिटा जाता है
हाय! इंसानियत पर बुतपरस्ती भारी पड़ जाती है
ख़ुदा की ऐसी बंदगी में दुर्गन्ध बहुत ही आती है

मैं ख़ुदा और उसकी बंदगी के सही मायने जानना चाहती हूँ
दिखाए जो सही राह उसे रहनुमा मानना चाहती हूँ
जो खुद भटके हुए हैं,क्या दिखाएँगे मुझे रास्ता
जिन्हें खुद अपना पता नहीं,वो क्या समझायेंगे बंदगी का वास्ता
मीनू

22. लोकतंत्र का महोत्सव

देखो! सजे हैं भव्य मंडप, सत्ता की कुर्सियाँ चुनर ओढ़े मुस्काईं
वादों की झिलमिल रौशनी में, झूठ की बारात है फिर से आई

सपनों के नए पोस्टरों ने हर चौक, हर नुक्कड़ चमकाई
कफ़न ओढ़े जवाब, मगर भाषणों के दुल्हे सजे-धजे हैं भाई

जनता की आँखों में फिर आशाओं की किरणें झिलमिलाईं,
कहीं दिल में रामराज्य की कल्पना,कहीं पुरानी पीड़ा उभर आई

रामराज्य की कल्पना कर जनता ने वोट देने को लम्बी कतार लगाई
पर कैसे आए रामराज्य बिन राम के,यहाँ तो भेड़ियों ने बजाई शहनाई

नेता जी बोले–"विकास की गंगा बहाएँगे,"
पर झूठ और छल से ही वोटों की नैया पार लगाएँगे

हर सभा में केवल भाषणों में ही सच्च के फूल बरसायेंगे
पर भीतर खोखले इरादों से बस स्वार्थ ही उपजायेंगे

फिर वह दिन भी आया– सत्ता की दुल्हन को मंडप में लाया

जीत संग विवाह रचाते ही नेता जी के रंग-ढंग बदलाव था आया

सवाल पूछने वाला ने 'देशद्रोही' का ख़िताब पाया
सच बोलने वालों को जेल की सलाख़ों ने साथी बनाया

शिक्षा की बोली, डिग्रीयों के व्यापार, देश को अंधकार में लाया
पैसे की कमी के कारण भविष्य ने था मातम मनाया

विकृत मन किया युवा का आंतकवाद का खेल रचाया
इन सत्ता के लोभी नेताओं ने इंसान के हाथों इंसान मरवाया

बेरोज़गारी ने महंगाई की रफ्तार से दस गुना तेज दौड़ लगाई
हर आम आदमी की थाली से उम्मीदें थोड़ी-थोड़ी छीन ली गई भाई

रामराज्य की तस्वीर पर नेता रूपी भेड़िये ने बुलडोज़र चलाया
हर गलती पर जनता ने खुद को ही कोसा,हर इंसान रोया,पछताया

भीमराव के संविधान के अध्यायों में भ्रष्टाचार को मिलाया
ईमान, नीति, धर्म—सबको नोटों की भाषा ने था चुप करवाया

मंदिर-मस्जिद में बाँटी ज़ुबान,संसद में बिक गया किसान
नोटों पर गाँधी मुस्कराए, पर बिक गया देखो ईमान

सच्चाई की धरती पर खड़ा हर नागरिक खुद से अनजान
स्कूल में बच्चा-बच्चा रटे—"मेरा भारत देश महान"
मीनू

23. रील, रिश्ते और डिजिटल दिल

रिश्तों की छाँव अब धूप में गलती है,
स्नेह की भाषा अब स्क्रीन पे चलती है

'दिल से दिल' की बातें अब किसे याद हैं,
अब तो 'फॉलो' और 'लाइक' ही जज़्बात हैं

भावनाएँ अब GIF में ढल जाती हैं,
मुस्कान भी अब फिल्टर में पल पाती है

मन का बोझ कोई अब कहाँ बताता है
Insta पर रील भेजकर ही दिल बहलाता है

मिठाई की थाली अब नहीं सजाई जाती है
ख़ुशी की बातें अब EMOJI वाले 'हार्ट' में समाती हैं

ग़म भी अब RIP से टाल दिया जाता है,
फर्ज़ निभाने का अंदाज़ कमाल का आता है

रूठने पर अब चुप्पी नहीं, 'ब्लॉक' होता है
स्टेटस की पंक्तियाँ में ही इंसान अब रोता हैं

क्रोध का ज्वालामुखी अब स्क्रीन पर फूटता है
दिल भी अब हर शख्स स्क्रीन पर लूटता है

जज़्बात अब इमोजी में समाते हैं
दोस्त अब online ही बन पाते हैं

रिश्ते अब 'सीन' की मोहर पे चलते हैं
बच्चे अब GUGAL की हिदायतों पर पलते हैं

बचपन अब गूगल की पाठशाला जाता है
जहाँ मासूम सवालों को विज्ञापन खाता है

GOOGLE जी ज्ञान का सागर बहाते हैं
छोटी सी बीमारी में भी कैंसर दिखाते हैं

पंडित की वाणी अब ऐप्स में चलती है
हवन-कुण्ड अब स्पीकर से जलती है

गूगल बाबा सब कुछ सिखाता है
महंगाई में सस्ता रास्ता बताता है

शादियाँ अभी भले online नहीं हो पाती हैं
पर दुल्हन तो online ही ढूँढी जाती है

दादी-नानी अब मीम्स में झलकती हैं
बिना कहे ही रिश्तों की जगह भरती हैं

चैट GPT एक नया दोस्त आया है
दोस्ती का हर फर्ज़ जिसने निभाया है

प्रणाम अब चरणों तक नहीं पहुँच पाता है
स्टोरी में 'गुड मॉर्निंग इंडिया' बिछता जाता है

सैकड़ों फ़ॉलोअर्स, पर दोस्त बस तीन हैं
सच्चे रिश्ते अब मीम्स में हसीन हैं

इमोजी की ओट में रोता इंसान है
डिजिटल नक़्शे पे बसा अब जहान है

मीनू

24. आरक्षण

डिग्रीयों की माला पहने, उम्मीदों का दीप जलाया
हर परीक्षा में खुद को खोया, हर सिलेबस खुद को रटाया
जब नौकरी की चौखट पर दस्तक दी,
दरवाज़ा नहीं खुला-बस अनुभव का तमाचा खाया

मैं भविष्य का निर्माण ना कर सका, आरक्षण ने लाचार बनाया
माँ-बाप के खून-पसीने को मैंने अपने सपनों में लगाया
जब दर्द ने दस्तक दी चौखट पर,
होंसलों को आरक्षण की प्रचण्ड ज्वाला में सुलगते पाया

फार्म भरे हज़ारों हमने, फीस में खून-पसीना डुबाया
कुर्सियाँ गिनी- चुनी ही थी पर सपना लाखों ने था सजाया
जब नतीजे ने दस्तक दी चौखट पर,
बचा बस मौन और ठहाका,जो था आरक्षण ने लगाया

मेहनत की कीमत पर मैंने उम्मीदों का बाज़ार लगाया
मेरी प्रतिभा, मेरी योग्यता ने मुझे कुछ भी ना बनाया
जब हताशा ने दस्तक दी चौखट पर,
लगा क्यूँ जनरल में पैदा हुआ मैं, क्यूँ आरक्षण हिस्से ना आया

हर इंटरव्यू में ऐसा लगा जैसे कोई उत्सव हो आया
इंटरव्यू से वापिस आकर,खुद को बेकारी में डूबा पाया
जब टूटे सपनों ने दस्तक दी चौखट पर,
पैरों तले कीचड़ ही देखा,आरक्षण ने उम्मीदों पर बाँध लगाया

रोज़गार की जंग में ठोकर खा जब होश में आया
तब आरक्षण की आढ़ में चल रही राजनीती को समझ मैं पाया
जब समझ ने दस्तक दी चौखट पर,
पता चला सियासत ने था मुझे लाचार बनाया

कागज़ों पर नीतियाँ भरीं, नेताओं ने सियासी खेल रचाया
युवा को ड्रग्स-डिप्रेशन में धकेल कर राजनीती का मोहरा बनाया
जब जोश ने दस्तक दी चौखट पर,
आवाज़ उठाई मैंने आरक्षण के विरुद्ध तब देशद्रोही मुझे ठहराया

आंबेडकर जी ने आरक्षण के बल पर था समानता का दीप जलाया
देश की गन्दी राजनीती ने आरक्षण को वोट बैंक बनाया
जब राजनीती की समझ ने दस्तक दी चौखट पर
मैंने खुद में जोश भर बाबा के जैसे अपनी आवाज़ को नहीं दबाया

मीनू

www.ingramcontent.com/pod-product-compliance
Lightning Source LLC
Chambersburg PA
CBHW070646240926
51846CB00003BA/808
9789371560016